Michael Gehler

Begriffe, Fragen und Antworten zur Geschichte der Imperien

Titelbild: Gemälde von Walter Charles Horsley
»Eine freundliche Macht in Ägypten.« Einzug der Briten (1855–1921).
Foto: Alamy GD6033

Michael Gehler, Dr. phil., lehrt seit 2006 als Professor und Leiter des Instituts für Geschichte an der Universität Hildesheim und seit 2023 an der deutschsprachigen Andrássy Universität Budapest. Forschungsschwerpunkte: Internationale Beziehungen mit Schwerpunkt auf der europäischen Integration und der Geschichte der Imperien: Europa. Ideen – Institutionen – Vereinigung – Zusammenhalt, Reinbek/Hamburg 2018; Europas Weg. Von der Utopie zur Zukunft der EU, Innsbruck – Wien 2020; Ein europäisches Gewissen. Hans-Gert Pöttering – Biographie, Freiburg – Basel – Wien 2020, 2. Auflage 2022 (gem. m. Marcus Gonschor); Imperien und Reiche in der Weltgeschichte. Epochenübergreifende und globalhistorische Vergleiche, 2 Teilbände, Wiesbaden 2014 (gem. m. Robert Rollinger), Empires to be remembered. Ancient Worlds through Modern Times (Universal- und kulturhistorische Studien/Studies in Universal and Cultural History), Wiesbaden 2022 (gem. m. Julian Degen und Robert Rollinger); The End of Empires (Universal- und kulturhistorische Studien/Studies in Universal and Cultural History), Wiesbaden 2022 (gem. m. Robert Rollinger und Philipp Strobl).

Diese Veröffentlichung stellt keine Meinungsäußerung der Landeszentrale für politische Bildung Thüringen dar. Für inhaltliche Aussagen trägt der Autor die Verantwortung.

Landeszentrale für politische Bildung Thüringen
Regierungsstraße 73, 99084 Erfurt
www.lztthueringen.de
2023

ISBN: 978-3-948643-88-1

Inhalt

Was bedeutet der Imperien-Begriff? 5

Warum dient das Römische Reich
als Modell und Vorbild für nachfolgende Imperien? 5

Was sind konkrete Charakteristika von Imperien? 6

Wie verhält es sich mit Homogenität
und Vielfalt von Imperien? 8

Wer ermöglicht und repräsentiert imperiale Macht? 9

Welche Bedeutung haben Religionen für Imperien? 10

Welche Rolle spielen Geografie und Grenzen für Imperien? 10

Wie funktionieren Imperien nach innen und außen? 11

Wie sind innere und äußere Dimensionen
imperialer Herrschaften zu bestimmen und zu gewichten? 12

Inwiefern besaßen und verbreiteten Imperien eine Mission? 12

Was sind Imperien »zweiter Ordnung« und niederen Ranges? 12

Was führte zur Erosion und Implosion von Imperien? 14

Wie sind interne und externe Faktoren
für das Ende von Imperien zu bestimmen und zu gewichten? 14

Was lehrt das Beispiel vom Niedergang und Verlust
des British Empire? 15

Wie unterscheidet sich Imperium vom Imperialismus? 17

Worin unterscheidet sich der Nationalstaat vom Imperium? 18

Welche Rolle spielten Imperien in der Geschichte Europas? 19

Wieweit wurde durch Faschismus und Nationalsozialismus
der imperiale Anspruch formuliert? 19

Warum spielte das Thema Imperium in Deutschland nach 1945 keine Rolle?	20
Handelt es sich bei der NATO um ein Imperium?	21
Wie entwickelten sich Imperien im Übergang vom 20. zum 21. Jahrhundert?	22
Was bringt ein Vergleich der EU mit historischen Imperien? Handelt es sich um ein Imperium?	23
Wie ist der Krieg um die Ukraine mit Blick auf Imperien einzuordnen?	24
Wie lassen sich abschließend Imperien im Sinne eines epochenübergreifenden Zugangs definieren?	25
Literatur	30

Was bedeutet der Imperien-Begriff?
Das Wort stammt vom Lateinischen »imperare« (»anordnen« und »befehlen«) aus der Zeit der römischen Herrschaft, die durch Amts- und Zentralgewalt gekennzeichnet war. Im Imperium Romanum gab es eine von Bürgern übertragene ungeteilte militärische, zivile und richterliche Gewalt an höchste Beamte sowie eine allen überlegene Befehlsgewalt der Kaiser. Der Begriff stand in der Antike für »Weltreich«. Im Mittelalter ging es um Wahrung von imperialer Kontinuität durch das »Heilige Römische Reich«.

Wikipedia

Stark vereinfachte Karte aus französischer Sicht: Das Heilige Römische Reich am Anfang des 18. Jahrhunderts, 1705

Warum dient das Römische Reich als Modell und Vorbild für nachfolgende Imperien?
Es steht für eine fortgesetzte Machtausdehnung durch schrittweises Wachstum, die Idee eines »imperium sine fine«

(»grenzenloses Reich«) sowie effiziente Militär- und Verwaltungsstrukturen; Aufnahme von Kulturen griechisch-hellenistischer und orientalischer Herkunft; geistig-kulturelle Ausstrahlungskraft; Universalität (Begriffsübernahme, Entwicklung des Römischen Rechts mit Bürger- und Zivilrecht, Latein als Amtssprache), zivilisatorische Errungenschaften (Architektur, Kunst und Kultur sowie Straßen und Verkehrswege) und herausragende Führungspersönlichkeiten der Machtausübung, Reformtätigkeit, Historiographie und Philosophie.

Was sind konkrete Charakteristika von Imperien?
Ihre Eigenschaften sind militärische Befehlsgewalt, die Herrschaft über mehrere »Völker« und ihre Größe, für deren Ausmaße es keine festen Richtlinien gibt. Historisch werden eine Vielzahl sehr unterschiedlicher politischer Gebilde und Herrschaftsorganisationen »Imperium« benannt, von einem korporativen Staatswesen mit regionalen und lokalen Autonomien wie dem Heiligen Römischen Reich bis zum Chinesischen Imperium mit seiner Tradition der Zentralverwaltung und einer nach gesamtstaatlichen Regeln ausgebildeten Bürokratie. Weitere Kriterien sind »Geschichte« und »Tradition«. In Europa war für das Heilige Römische Reich wie für Russland die Bezugnahme auf das Erbe des »Imperium Romanum« bedeutsam. Frankreichs »Empire« bezog sich dagegen weniger auf historische Vorbilder als auf den Wettbewerb mit Großbritannien. Aus Sicht der Altertumswissenschaft stellt sich jedoch die Frage, ob ein Kurzzeit-Gebilde wie Napoléons Empire überhaupt ein Imperium war.

Wie äußern sich Imperien im Sinne ihrer Ausdehnung und Räume?
Sie weisen großen Besitz auf und haben einen Drang zur Expansion. Sie bestehen aus vielen verschiedenen Herrschaften und Territorien. Musterbeispiel ist das Heilige Römische Reich, welches aus Königreichen sowie geistlichen und weltlichen Kurfürstentümern bestand. Der Habsburger Leopold I.

Wikipedia

Das Römische Reich und seine Provinzen zur Zeit seiner größten Ausdehnung unter Kaiser Trajan in den Jahren 115–117 n. Chr. Einmalig in der Geschichte: Das Römische Reich umfasste das gesamte Mittelmeer.

führte den Titel »Römischer Kaiser, allzeit Mehrer des Reichs, König von Deutschland, Ungarn, Böhmen, Dalmatien, Kroatien, Slawonien und anderer Länder«. Kennzeichnend für imperiale Herrschaft ist eine einzige hohe Autorität. Für Imperien spricht eine zentrale Verwaltung, was Schriftlichkeit voraussetzt. Ein Imperium verfügt über eine große militärische Interventions- und damit auch territoriale Reichweite. Scharfe Grenzen sind ihm nicht unbedingt eigen, sondern eher fließende Übergänge. Das Herrschaftsgebiet umfasst einen oder auch mehrere Kontinente. Machtpolitisch dulden Imperien nach außen keinen Anderen neben sich. Im Inneren besteht ein Gefälle zwischen Zentrum und Peripherie. Daneben existieren autonome und semi-autonome Randbereiche. Streitkräfte sind ein konstitutives Element. Ökonomisch nehmen Imperien auch Einfluss auf ihnen nicht zugehörige Gebiete.

Wikipedia S.flaischlen

Das Ende der chinesischen Mauer am Meer

Wie verhält es sich mit Homogenität und Vielfalt von Imperien?

Imperien waren keine homogenen und automatisch starken Staatsgebilde, sondern fallweise durchaus »schwache Staaten«, die Untertanen eingeschränkt prägten, nur im geringen Ausmaß Ideologiedruck ausübten, kaum Sozialdisziplin einforderten oder *eine* Religionszugehörigkeit durchsetzten sowie weniger Abgaben einhoben als kleinere überschaubare Einheiten wie Königreiche oder Territorial- und Nationalstaaten. Imperien bildeten Vielvölkerreiche (*Multiethnizität*) und duldeten mehrere Religionen und Konfessionen nebeneinander (*Multireligiosität* oder *Multikonfessionalität*). Demografisch haben sie eine vergleichsweise hohe, aber vielschichtige und verschiedenartige Bevölkerungszahl. Dauerhaftigkeit ist ihnen durch generationsübergreifende Herrschaftsarten in Form von Dynastien und nachfolgende Herrscherhäuser über Jahrhunderte (*translatio imperii*) gegeben. Imperien nutzten

Wikipedia, Cambridge University Library

Das Britische Weltreich im Jahr 1897, die britischen Besitzungen werden traditionell rot gekennzeichnet. Seine größte Ausdehnung erfuhr das britische Reich 1921.

verschiedene, mitunter auch wechselnde Herrschaftsformen wie die Aristokratie, Demokratie, Monarchie, Oligarchie oder die Tyrannis. Es handelt sich um bewegliche, flexible, offene und wandlungsfähige Gebilde mit Integrationsvermögen.

Wer ermöglicht und repräsentiert imperiale Macht?
Unterschiedliche Eliten hatten eine tragende Rolle inne, so Herrschaftseliten durch Repräsentation und Machtausübung, Militäreliten zur Gewährleistung der inneren und äußeren Sicherheit; Verwaltungseliten zur Fähigkeit von Organisation und Steuereintreibung; Experten- und Wissenseliten durch Beratung, Erfahrung, Erfindungen und Innovationen sowie kirchlich-religiöse Eliten zur Identitätsbildung und Sinnstiftung. Durch architektonische Hinterlassenschaften und

geistig-kulturelle Erbschaften lebten Imperien dank ihrer Eliten über ihr Ende hinaus weiter fort.

Welche Bedeutung haben Religionen für Imperien?
Sie konnten Teil einer Ideologie und damit der »Struktur« von Imperien sein. Sie dienten als Integrationsfaktor imperialer Macht. Zwischen »Staat« und Religion bestand weniger ein konkurrierendes, sondern eher ein kombinatorisches Verhältnis. Religionen profitierten einerseits von der Machtausdehnung der Imperien durch die Verbreitung des Glaubens, sie dienten andererseits als Mittel zur Begründung von Herrschaft und Rechtfertigung von imperialer Macht. Letztlich waren sie auch ein Element zur Herstellung von Pseudo-Kontinuitäten durch Traditionsbildung. Imperien konnten sowohl multikonfessionelle als auch staatsreligiöse Strukturen aufweisen. Eine neue Dimension war mit monotheistischen Weltreligionen und dem Glauben an einen Gott verbunden, die den machtpolitischen Absolutheitsanspruch von Imperien zu untermauern halfen.

Welche Rolle spielen Geografie und Grenzen für Imperien?
Imperien grenzen sich fallweise durch Mauern und Wallsysteme ab. Die chinesische Mauer und der Limes sind Beispiele dafür. Russland sicherte die Südgrenze gegen die Tataren durch »Verhau-Linien«. Inwieweit natürliche Grenzen, wie Gebirge oder Meere Imperien begrenzten, hat große Bedeutung, wird aber nicht als zwingendes Kriterium für den Imperien-Begriff betrachtet. Es gibt allerdings den Unterschied zwischen *amphibischen* Imperien, die sowohl auf dem Land als auch zur See präsent sind, und *terrestrischen* Imperien, die sich überwiegend auf der Erde erstrecken, wobei erstere einen geostrategischen Vorteil haben. Beim Vergleich der Imperien ist zu beachten, dass bei landbezogenen wie dem Habsburgerreich das gesamte Staatswesen oder bei seebezogenen Reichen wie dem britischen Empire nicht nur das »Mutterland« in Betracht gezogen werden.

Wikipedia, Phil Champion

Hadrianswall – Abschnitt 36/37: Der Wall westlich von Housesteads.

Wie funktionieren Imperien nach innen und außen?

Sie streben »eine Welt« für sich an, wobei Außenkontakte nur eine geringfügige Rolle spielen. Ihre Ausdehnung erfolgt wellenförmig. Sie geschieht offensiv durch einen wiederkehrenden Eroberungsdrang mit militärischen Besetzungen, politischer Beherrschung und ökonomischer Dominanz anderer. Imperien erkennen Schwächesymptome in Nachbarregionen und nutzen sie aus. Sie besitzen die Fähigkeit zur inneren Destabilisierung von Konkurrenten und Gegnern. Auf die Notwendigkeit von Bündnissen wollen sie nur zeitweise angewiesen sein. Die Verhinderung von Gegenkoalitionen durch Ausschaltung Abtrünniger ist ihnen ein Anliegen. Die erzwungene Suche und Findung von Verbündeten führt in Folge zu ihrer Degradierung zu Juniorpartnern und Klientelstaaten mit Statthaltern (wie den »Satrapien« im Perserreich). Nach innen funktionieren Imperien durch Arbeitsteilung, Bürokratie, Grenzschutz, Gesetze, Rechtssysteme, Ressourcensicherung; Sprachenvielfalt und eine herrschaftliche Einheitssprache, Steuer- und

Zolleinnahmen sowie Verwaltung. Im Inneren wie im Äußeren dienen Kultur und Propaganda als Legitimationsmittel.

Wie sind innere und äußere Dimensionen imperialer Herrschaften zu bestimmen und zu gewichten?
Es besteht eine komplizierte Machtbalance zwischen innerer und äußerer Macht und damit ein doppelter Spannungszustand: In der Außenpolitik spielen Geopolitik und Geostrategie eine Rolle durch Einflussnahme, Informationsbeschaffung, Interessenwahrnehmung und Interventionsfähigkeit. Eine konsolidierte Machtbasis ist zur Krisen- und Problembewältigung unabdingbar. In der Innenpolitik ist Stabilität eine unverzichtbare Voraussetzung zur Herrschafts-, Verwaltungs- und Verteidigungsfähigkeit. Imperien müssen Gefahren wie Aufstände und Unruhen rechtzeitig erkennen und eindämmen. Droht vermehrt Gefahr von außen, kann im Zeichen innerer Verfallserscheinungen der »Gnadenschuss« bzw. Todesstoß von dort erfolgen.

Inwiefern besaßen und verbreiteten Imperien eine Mission?
Imperiale Herrschaftsordnungen entwickeln in der Regel eine Tendenz zur Zivilisierung nach innen bei gleichzeitiger Schutzgewährung durch bewegliche Grenzen nach außen gegen die vermeintlichen von ihnen so bezeichneten »Barbaren«. Imperien prägten sich durch »Herrscherkulte« aus und verwendeten weltanschauliche Argumente. Ihre Herrschaften argumentierten über einen enger bestimmten Kernraum hinausgehend mit einer kosmologischen oder heilsgeschichtlichen Mission, die eine raumübergreifende universelle Friedensbotschaft und Heilslehre verbreiten will (*Pax Romana* oder *Pax Britannica*). Mit ihrem Sendungsbewusstsein (*Messianismus*) definierten sich Imperien höherwertiger als andere Herrschaften.

Was sind Imperien »zweiter Ordnung« und niederen Ranges?
Das sind Staats- oder Staatengebilde, die entweder am Anspruch scheiterten, »eine Welt« zu gestalten, ohne deren umfassende

Ausdehnung zu erreichen. Beispiele dafür sind das »Heilige Römische Reich« in der Zeit nach Kaiser Otto III. (980–1002) und spätestens nach den Staufern (1137–1268), das Oströmische Reich nach dem Verlust der Levante (heute die Türkei, der Libanon, Syrien, Ägypten) und dem 4. Kreuzzug (1202–1204), Russland, das mit Übernahme des Zarentitels durch Ivan IV. (1530–1584) und mit Annahme der Bezeichnung eines »Imperators« durch Peter I. (1721), Ebenbürtigkeit gegenüber anderen Mächten Europas verdeutlichte, ohne zu beanspruchen, das gesamte System in einem Staat zu vereinen; die Habsburgermonarchie nach der Niederlage gegen Napoleon 1803/06, das zuletzt noch seine Kernlande zum »Imperium« erhob; Bismarcks Reichsgründung 1871, die imperiales Gepränge aufwies, aber nur eine halbe Hegemonie in Europa blieb, und Großbritannien, das 1876 die Königin von England zur Kaiserin von Indien krönte.

Wikipedia

Proklamation des preußischen Königs Wilhelm I. am 18. Januar 1871 zum Deutschen Kaiser im Spiegelsaal von Versailles. Die dritte Version eines Gemäldes, fertiggestellt 1885 von Anton von Werner im Auftrag der preußischen Königsfamilie zum 70. Geburtstag von Kanzler Bismarck. Dessen weiße Uniform entspricht nicht der Realität, sollte aber seine Position im Zentrum des Bildes herausheben.

Was führte zur Erosion und Implosion von Imperien?
Es gab immer mehrere Gründe, die zum Ende von Imperien führten, so interne, wie schwächelnde Macht- oder zerfallende Verwaltungsstrukturen oder eine Überausbeutung eigener Ressourcen, aber auch externe Faktoren, wie die Übernahme durch ausländische Mächte und unvorhergesehene Ereignisse, wie Klima- und Umweltkatastrophen. Die Überdehnung des Machtbereichs (*overstretch of power*) bedrohte die Herrschaft und beschränkte ihre Handlungsfähigkeit. Nicht nachlassende Bedrohungen von außen zehrten die Abwehrkräfte auf und ließen innere Kohärenz schwinden. Gesellschaftlicher Wandel mit ausbleibender Elitenrekrutierung und sinkende ideologische Strahlkraft führten zur Infragestellung der Mission. Imperien stießen dann an Grenzen ihrer Integrations-, Kommunikations- und Überzeugungskraft. Ungelöster Streit um die Herrschaftsnachfolge (wie die Kämpfe der *Diadochen* im Reich nach Alexander »des Großen«) führte zu Reichsteilungen. Erschöpfung von Ressourcen, Untragbarkeit von Steuerlasten sowie Verschuldung und Zahlungsunfähigkeit besiegelten den Untergang von Imperien. Doch gelang es auch, die Überschreitung des Machtzenits zu überdauern, den Niedergang hinauszuziehen oder gar abzuwenden. Ein Beispiel für die Ausdauer, Beständigkeit und Widerstandsfähigkeit eines langlebigen Imperiums ist das Osmanische Reich im 19. Jahrhundert, dem als »kranker Mann am Bosporus« wiederholt sein Ende prophezeit wurde, das aber sogar den Ersten Weltkrieg überlebte und bis 1922 bestand.

Wie sind interne und externe Faktoren für das Ende von Imperien zu bestimmen und zu gewichten?
Interne (*endogene*) Herausforderungen wie Gefährdungen in der Innenpolitik, v. a. aber zentrifugale Kräfte an der Peripherie waren an der Tagesordnung und ständige Begleiter der Imperien. Innere (*endogene*) Herausforderungen, d. h. Zentrifugalkräfte, gingen dem Niedergang, der Erosion und der Implosion häufig voraus. Äußere (*exogene*) Faktoren, d. h. zentripetale

Kräfte, verstärkten und beschleunigten Erosionsprozesse und verschärften die Krise des Zusammenhalts. Exogene Faktoren waren auch auf anhaltende und permanente äußere Bedrohungen zurückzuführen, die zu einer Teilung oder Zerstückelung von Imperien führten. Unterbrechungen der Handelswege und Embargos schwächten die imperialen Ökonomien erheblich. Erschöpfende Kriege und totale Niederlagen, die zu Implosionen führten, sowie Epidemien und Umweltzerstörungen aufgrund von Klimaveränderungen, waren existenzgefährdende Herausforderungen.

Was lehrt das Beispiel vom Niedergang und Verlust des British Empire?
Das britische Weltreich war von längerer Dauer als seine imperialen kontinentaleuropäischen Mitstreiter. Es wies nach dem Ersten Weltkrieg die bis dato größte Reichweite eines Imperiums in der Menschheitsgeschichte auf. Großbritannien erlebte wahrscheinlich schon zur gleichen Zeit einen einsetzenden Niedergang (*decline*) seines Empires. Die Gründe erklären sich aus der Konkurrenz mit neu entstehenden Weltreichen (USA, UdSSR), der Umkehrung der militärischen Schutzfunktion, die nach und nach von den Kolonien und Dominions gewährleistet werden musste, dem Schwinden der Verteidigungsfähigkeit, dem Verlust des Mächtegleichgewichts in Europa sowie dem Sinken der Wettbewerbsfähigkeit im ökonomischen Ringen mit dem Deutschen Reich und sodann in Zeiten der Dekolonisation nach dem kräftezehrenden Zweiten Weltkrieg. Spannungen zwischen den Ideologien des »Liberalismus« und des »Imperialismus«, fehlgeleitete Selbstüberschätzung und irreführende Überlegenheitsgefühle sind Erklärungen für allmählichen Niedergang. Wirtschaftlich von den Vereinigten Staaten verdrängt und überflügelt sowie militärisch herausgefordert durch das aufrüstende »Dritte Reich«, war das Empire gezwungen, existenziell notwendige Allianzen zu suchen, um das Gleichgewicht der Kräfte in Europa und seinen Status als führende Großmacht zu erhalten. Hand in Hand mit dem Niedergang ging der

Alamy W7DJWR

Winston Churchills Züricher Rede vom 19. September 1946 zählt zu den größten europapolitischen Ansprachen. Sie setzte den Startschuss zur europäischen Einigung.

gescheiterte Vermittlungsversuch der Umwandlung des klassischen Commonwealth in ein Commonwealth of Nations als Simulationsimperium. Die Schwächung durch die Anstrengungen im Ersten und Zweiten Weltkrieg waren mittelbare, die Aufgabe Indiens (1947), der Rückzug aus Palästina (1948) und die Niederlage im Zuge der Suez-Krise (1956) unmittelbare Gründe für den sich fortsetzenden Zerfall, während die tieferen Ursachen des Niedergangs des Empire früher zu suchen sind. Ein allerletztes Anzeichen für die Verleugnung der Erkenntnis eines bereits zerbröckelten Imperiums und dessen vermeintliche Rettung war der Versuch, die EU an weiteren Integrationsschritten zu hindern oder sie so zu beeinflussen oder gar zu schwächen, dass sie den Vorstellungen der britischen Konservativen und Wahrung ihrer Parlamentssouveranität entsprach, was mit dem »Brexit« jedoch nur scheinbar gelingen sollte.

Wie unterscheidet sich Imperium vom Imperialismus?
Imperialismus stammt ebenfalls aus dem Lateinischen »imperare« (»herrschen«) und lässt sich nicht leicht vom Begriff des Imperiums abgrenzen. Er hat sich im Laufe der Neuzeit entwickelt und signalisierte eine Negativzuschreibung für expandierende Industrie- und Militärmächte Europas, die auf autoritären und hegemonialen Herrschaftssystemen basierten. Ein zentral geführtes Gesamtstaatswesen ging ausgehend

Wikipedia

US-Präsident William McKinley (1843–1901) zersprengt den Imperialismus europäischer Prägung. Aus Harper's Weekly, 22. September 1900.

vom eigenen Kernbereich in größere Handlungsräume über. Imperialismus ist ein Bestreben, in Ländern anderer Kontinente und ihren Bevölkerungen politischen und wirtschaftlichen Einfluss zu erlangen, bis hin zum Ziel der Kolonisierung, Unterwerfung und Übernahme in den eigenen Herrschaftsbereich. Der Übergang von Imperien zum Imperialismus ist Ausdruck der Verselbständigung und Übersteigerung ihrer Macht. Charakteristisch ist der Aufbau ungleicher kultureller, ökonomischer oder territorialer Verhältnisse und ihre dauerhaft angestrebte Beibehaltung. Ein Höhepunkt der Epoche des Imperialismus war im späten 19. Jahrhundert und zu Anfang des 20. Jahrhunderts gegeben.

Worin unterscheidet sich der Nationalstaat vom Imperium?
»Nationen« als Erben der »regna« (Königreiche) sind durch ihre räumliche Begrenztheit und eingeschränkte Teilhabe der Bevölkerung an der Macht definiert. Dieser Teil bestimmte sich unabhängig von der Ethnie im europäischen Spätmittelalter als »Nation«. Imperien grenzen sich auf mehrfache Weise vom nationalen Territorial- und Verwaltungsstaat ab. Sie sind an ihren Rändern durch Abstufungen der Macht gekennzeichnet. Der Nationalstaat übt im Unterschied zu einer Hegemonialmacht mit ihrer (äußeren) indirekten Vorherrschaft direkten (inneren) Herrschaftseinfluss aus. Imperien mangelt es bei ihrer Entstehung in der Regel an einem Gründungsakt. Sie entwickelten sich aus sich heraus und über längere Zeiträume. Großreiche und Imperien unterscheiden sich vom Nationalstaat durch größere räumliche und zeitliche Ausdehnungen. Der Nationalstaat verfügt über ein fest umrissenes Territorium mit größerer ethnischer Homogenität (verbunden mit der Gefahr des *Ethnozentrismus*) und über einen Gründungsmythos. Imperien haben ein erweiterungsfähiges Territorium, besitzen beweglichere und offene Außengrenzen. Sie weisen multiethnische Strukturen (»Vielvölkerreich«) auf. Nationen entstehen oft durch Gebietsabtretungen, Niederlagen und Verluste, Imperien durch Gebietserwerb und Zuwachs. Sie eilen mit Unterbrechungen von Sieg zu Sieg

und verkraften leichter größere Niederlagen. Nationen sind Teilwelten, Imperien ganze Welten. Nationen sind jünger, Imperien älter. Nationen haben direkten Zugriff auf Bewohner, Imperien basieren auf spezifischen Entscheidungsträgern (Herrschaftseliten) und weniger auf Bewohnern (Herrschaftsferne).

Welche Rolle spielten Imperien in der Geschichte Europas?
Europäische Großreiche und Imperien entwickelten ihre räumliche Stellung unter spezifischen Umständen gemäß der Dichte des kleinsten Kontinents der Erde. Das europäische Mächtesystem war durch Legitimation und Repräsentation bestimmt. Sie waren Instrumente für Integration und Herrschaftsverdichtung. Nationen entstanden als Teil der europäischen Staatenstruktur und befanden sich von Anfang an untereinander in Konkurrenz. Vier Imperien des europäischen Mächtekonzerts mussten sich den Emanzipationsbestrebungen von Nationalitäten und den aus ihnen erwachsenden Nationalstaaten beugen, gingen im Zuge des Ersten Weltkriegs unter oder wurden aufgeteilt: das Zarenreich 1917, das Deutsche Kaiserreich 1918, die Doppelmonarchie Österreich-Ungarn 1918 und das Osmanische Reich 1922.

Wieweit wurde durch Faschismus und Nationalsozialismus der imperiale Anspruch formuliert?
In der ersten Hälfte des 20. Jahrhunderts waren es diktatorische Regierungssysteme, die den Imperiumsbegriff unter Bezug auf frühere Reiche um militaristisch und zentralistisch geprägte Gesellschaften organisierten. Sie waren auf Ausgrenzung, Unterdrückung, Verfolgung und Vernichtung von Minderheiten sowie Expansion und Raubkriege ausgerichtet: das faschistische Italien, das kaiserlich-autoritär geführte Japan und das nationalsozialistische Deutschland. Mit ihrer Ideologie war eine Mobilisierung der Massen verbunden, was früheren Imperien eher fremd war. Das »Dritte Reich« symbolisierte die Vorstellung vom »Führer«, seiner »Gefolgschaft« und den »Volksgenossen«. Während der Nationalsozialismus seine Vision von

Bundesarchiv, Bild 183-H25094

Unterzeichnung des Dreimächtepaktes, Berlin, 27. September 1940. Sitzend von rechts nach links: Adolf Hitler, Galeazzo Ciano (italienischer Außenminister), Saburu Kurusu (japanischer Botschafter).

Politik ins Mittelalter der Zeit der Ottonen und Staufer zurückprojizierte, tat dies der italienische Faschismus bis in die römische Antike. Sowohl das Hitler-Reich (1933–1945) wie auch das »Imperio« des »Duce« (1922–1943/45) waren auf Rassenverfolgung und Völkervernichtung ausgelegt. Sie bestanden auch deshalb nur für sehr kurze Zeit und scheiterten letztlich aufgrund überzogener Gebietseroberungen und territorialer Überdehnung. Nach dem Sieg über die faschistischen Diktaturen wurden große Flächenreiche wie die UdSSR und die USA als »Supermächte« neue Imperien, obgleich sie selbst diesen Begriff nicht in Anspruch nahmen oder von sich wiesen.

Warum spielte das Thema Imperium in Deutschland nach 1945 keine Rolle?
Die zeithistorische Forschung scheute das Thema angesichts der gescheiterten imperialen Versuche der deutschen Geschichte (1918, 1945), was zu einer Marginalisierung oder gar

Tabuisierung eines der zentralen machtpolitischen Themen der Weltgeschichte führte. Dagegen erschien es notwendiger, sich vor dem Hintergrund der jüngeren deutschen Geschichte kritisch mit »Imperialismus« zu befassen. Dabei wurde der scheinbar unzeitgemäße Begriff »Imperium« in Unbestimmtheit bei Seite gelassen. Eine umfassende, theoretisch und gleichzeitig mehrere Epochen übergreifende Forschung von Imperien hat Jahrzehnte später erst eingesetzt und differenzierter mit dem Imperiumbegriff gearbeitet.

Handelt es sich bei der NATO um ein Imperium?
Die transatlantische Militärallianz ging aus einem sicherheitspolitischen Machtvakuum im Westen Europas hervor. Mit großer Sorge blickten ihre Mitglieder auf die Sowjetunion, die ihren Machtanspruch mit ideologisch-militärischer Dominanz in der Mitte Europas durchzusetzen versuchte. Die Gründung der NATO als Verteidigungsbündnis gegen die UdSSR und Eindämmungsallianz gegen den Kommunismus hatte zunächst einen anti-imperialen Charakter, denn ausgehend von Ausdehnung, Machtkonzentration und Satellitenstaaten-Verhältnissen handelte es sich bei der UdSSR um ein Imperium. Der Aufbau der NATO wies hingegen eine »dezentrale und multilaterale Struktur« auf. Sie war allerdings weit mehr als ein Militärbündnis, beabsichtigte wirtschaftliche Kooperation und entwickelte Konfliktpräventionsmaßnahmen. Ihre Expansion und Integration im Zeichen der »Osterweiterung« war eine Folge des Zusammenbruchs des Sowjetimperiums. Die Aufnahme neuer Mitglieder erfolgte nicht auf Basis annexionistischer Expansion, sondern auf freiwilliger Basis der Bewerber und abgestimmt mit allen anderen Mitgliedern, wobei das Rivalitätsverhältnis zur Russischen Föderation ungelöst blieb. Die NATO verfügt aufgrund ihrer Kapazitäten und Mitgliedschaften über eine Monopolstellung im transatlantischen Raum. Sie ist mit Kanada, ihrer US-Führungsmacht und den europäischen Verbündeten das größte und stärkste Militärbündnis der Welt und besitzt mit ihrer Interventionsreichweite das Potential einer globalen Militärhegemonie.

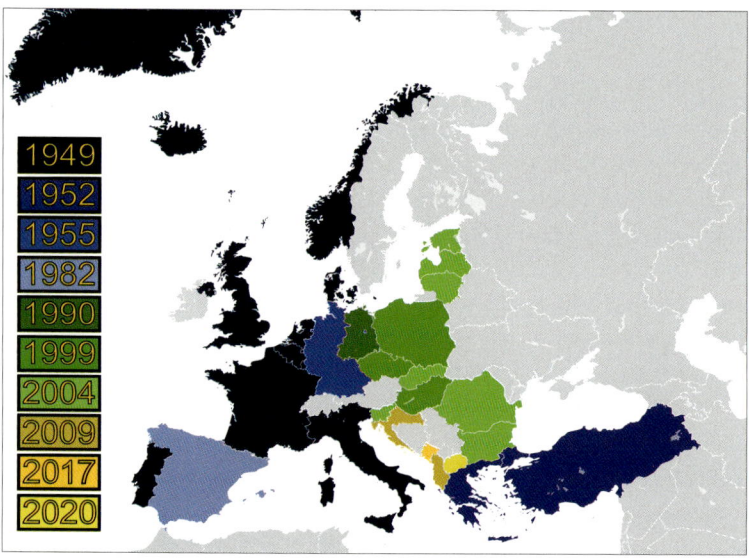

Wikipedia Patrickneil

Die historischen Erweiterung der NATO in Europa. Beitrittskandidaten sind Schweden und Finnland, hier steht die Aufgabe des Vetos durch die Türkei noch aus (Stand Februar 2023). Jeder Mitgliedstaat muss die Aufnahme eines neuen NATO-Mitglieds ratifizieren.

Wie entwickelten sich Imperien im Übergang vom 20. zum 21. Jahrhundert?

In der zweiten Hälfte des 20. Jahrhunderts haben sich die Rahmenbedingungen für Imperien durch neue Formen der Internationalisierung und Globalisierung gewandelt. Arbeitsmarkt-Liberalisierung, Demokratisierung und Parlamentarisierung, die Internationalisierung des Rechts, die Universalisierung der Menschenrechte, öffentliche und veröffentlichte Meinung, neue Medien und die modernen Kommunikationsgesellschaften (E-Mail, Internet, YouTube) sowie der expandierende Welthandel haben Ende des 20. und zu Beginn des 21. Jahrhunderts eine Dynamik erfahren, die Begründung und Rechtfertigung von imperialen Machtgebilden angreifbarer und fragwürdiger machten.

Was bringt ein Vergleich der EU mit historischen Imperien? Handelt es sich um ein Imperium?
Die EU bezieht sich auf kein historisches imperiales Vorbild. Der frühere Kommissionspräsident José Manuel Barroso (2004–2014) nannte sie allerdings ein »non imperial Empire«. Sie habe keine zentralistische Struktur und sei nicht durch Kampf oder Krieg entstanden. Die Zugehörigkeit zu ihr basiere auf Freiwilligkeit. Die Mitglieder würden ihre Souveränität nicht aufgeben, sondern teilen.

Neuartiges ist zwar aufgrund ihres postmodernen Charakters als freiwilliger Zusammenschluss von fortbestehenden Nationalstaaten gegeben. Historische Analogien sind aber auch erkennbar: Mit dem Römischen Reich hat die EU das (Unions-)Bürgerrecht gemein, mit dem Reich Karls des Großen das Kerngebiet Frankreich und Deutschland, mit dem Euro als Währungsraum jenen des karolingischen Dinar gemein sowie mit dem Heiligen Römischen Reich die partikularistisch-pluralistische Verfassungsstruktur als Verbund von Einzelstaaten, die ihre Träger sind, offen für verschiedene Lebensstile sowie die außen- und sicherheitspolitische Schwäche. Die EU ist ein säkularer, nur weltliche Aspekte betreffender Verbund von Institutionen und Mitgliedstaaten – getragen von Kerneuropa. Mit der vorläufigen Befriedung und Stabilisierung Südosteuropas scheint sie an den Grenzen ihrer Möglichkeiten angelangt. Die institutionellen Reformen durch den Unionsvertrag von Lissabon (2007, in Kraft 2009) reichen nicht mehr aus, um als machtpolitischer Akteur auf der Weltbühne, mit einer Stimme sprechend, geschlossen auftreten zu können. Die EU besitzt zwar keine durchsetzungsfähige, reaktionsschnelle und entscheidungseffiziente Interventions- und Militärmacht. Sie verfügt aber über eine nachhaltig wirkende Handels-, Wirtschafts- und Währungsmacht. Ihr gemeinsamer Rechtsbestand hat globalen Vorbildcharakter sowie die europäische Kultur weiterhin starke Ausstrahlungs- und Anziehungskraft. Alles in allem betrachtet handelt es sich bei der EU um eine imperiale Halbmacht, die sich militärisch und sicherheitspolitisch bezüglich NATO und v. a. hinsichtlich der

Bundesregierung, Steffen Kugler, 145 Bild-00167944

Im Hieronymus-Kloster wird der EU-»Reformvertrag«, der Vertrag von Lissabon, von den EU-Staats- und Regierungschefs sowie den EU-Außenministern unterzeichnet, 13. Dezember 2007

USA positiv ausgedrückt in einem Juniorpartner-, kritischer formuliert in einem Abhängigkeitsverhältnis befindet.

Wie ist der Krieg um die Ukraine mit Blick auf Imperien einzuordnen?
Mit dem von Wladimir Putin seit dem 24. Februar 2022 auf die gesamte Ukraine ausgeweiteten Angriffskrieg wurde erkennbar, dass es sich um mehr als nur ein Ringen um NATO- und EU-Mitgliedschaft der Ukraine, sondern um einen global-hegemonialen Wettstreit zwischen zwei Imperien handelt: dem *amphibischen* Land- und See-Imperium der USA und dem überwiegenden *terrestrischen*, sprich Land-Imperium der Russischen Föderation. Dagegen ist die EU mit ihrer Energie-Einfuhrstopp- und Sanktionen-Politik gegen Russland ein Imperium zweiter Ordnung, ein Juniorpartner-Imperium der USA. Die Ukraine ist nicht nur Akteur und Subjekt, sondern auch Objekt und Opfer. Die USA greifen nicht direkt in den Krieg ein, während sie mit Ausrüstungs- und Waffenhilfe die Ukrainer unterstützen, die stellvertretend für die Freiheit des

Ullstein Bild – snapshot-photography 10286185

Demonstration in Berlin gegen den russischen Krieg in der Ukraine unter dem Motto »Anti-Z Demonstration gegen russischen Imperialismus und den russischen Überfall auf die Ukraine«, 2022.

Westens kämpfen. Russland agiert als (Hilfs-)Imperium gleichsam als Stellvertreter der Volksrepublik China zur Schwächung des Westens. Opfer und Leidtragende sind in erster Linie die Ukrainer und letztlich auch die Europäer. China als die neue Supermacht des 21. Jahrhunderts und als Weltimperium hält sich mit Blick auf den von ihm gebilligten Regionalkrieg in Europa zurück, v. a. auch in Bezug auf verbesserte Möglichkeiten stärkerer Einflussnahmen in Hongkong und auf Taiwan. Peking wünscht sich keine weitere Eskalation des Ukrainekriegs mit der Folge zusätzlicher weltwirtschaftlicher Verwerfungen und Beeinträchtigungen des eigenen Außenhandels aber auch keine militärische Niederlage Russlands und damit keinen politischen Sieg des Westens.

Wie lassen sich abschließend Imperien im Sinne eines epochenübergreifenden Zugangs definieren?
Imperien entstehen nicht, sie entwickeln sich. Dies geschieht ohne durchgehend absichtsvolle Planung. Ein formeller

Gründungsakt wie bei Nationalstaaten ist ihnen nicht geläufig. Ausdehnung, Durchdringung und Einflussnahme durch Handel, Kultur und Wirtschaft sowie gebietsmäßige Expansion, kriegerische Eroberung und militärische Gewaltanwendung sind ihnen gemein. Sie ragen durch schiere Größe und ›unendliche‹ Weite hervor und sprengen damit die gängigen zeittypischen Raumdimensionen. Ihre äußeren Grenzen sind nicht festgelegt, sondern beweglich, dynamisch und fließend. Aus dem ›grenzenlosen‹ Gebietsumfang erwächst ein *transterritorialer Herrschaftsanspruch*. Es kann sich sowohl um Land-, als auch See- oder gar um beides, amphibische Imperien, handeln. Ihre *Reichweite* umfasst einen Kontinent und in Ausnahmen sogar mehrere Kontinente. Imperien zeichnen sich durch *Vielvölkerschaft* (Multiethnizität) und *Konfessionsvielfalt* (Multireligiosität) aus. Multinationale Herausforderungen sind zu bewältigen und heterogene Ethnien zu integrieren. An diesen Leistungen wird ein dauerhaftes Imperium erkennbar (Negativbeispiele sind das »Dritte Reich« oder die Sowjetunion). Imperien entwickeln und entfalten sich unabhängig von Herrschafts- und Regierungsformen, die verschiedenartig sein und sich in ihrer Geschichte abwechseln und verändern können. Imperien sind nicht zwingend auf einen *Einzelherrscher* oder mehrere aufeinander folgende *charismatische Führungspersönlichkeiten* und *Imperatoren* angewiesen, sondern können eine *kontinuierliche Trägerschicht von Herrschaftseliten* aufweisen. Imperien verfügen über ausreichende Heere (Land- und Seestreitkräfte) und setzen diese Militärpotentiale auch gegenüber Konkurrenten im Ringen um Macht und Hegemonie ein.

Spätneuzeitliche und zeitgeschichtliche Imperien machen auf den Übergang von Eliten- zu Massenheeren und die Steigerung von Kabinetts- zu Vernichtungskriegen aufmerksam. Imperien weisen die *Fähigkeit zur Schriftlichkeit* und damit auch ein erforderliches Maß an *Bürokratien* auf. Sie haben nicht notwendigerweise, aber in der Regel ein *starkes politisches Zentrum*, wodurch sich einerseits politisch-ökonomische Abhängigkeiten, im Sinne von Kolonisierungen, Machtgefälle wie auch Spannungsfelder bezüglich der Peripherien ergeben, andererseits aber auch Zentrumsverlagerungen und ein eigener Polyzentrismus (mehrere Zentren) entstehen können. Es zeichnet Imperien aus, wenn sie zur Strukturierung des äußeren größeren Mächtegefüges über eine lange Dauer nachhaltig beitragen und diese ›ihre Welt‹ nach ihrer Ordnungsvorstellung und ihrem Wertekanon maßgeblich gestalten sowie dabei auch Gegner und Feinde ihres Systems ausschalten. Imperien haben nahezu unvermeidlich eine eigene Anschauung von der Welt und vermitteln eine *messianische Ideologie*, die sich als Friedens-, Kultur- und Zivilisierungsmission oder als Sicherheits- und Wohlstandsgarantie versteht. Dieses *Sendungsbewusstsein* ist für ihre innere und äußere Herrschaftsabsicherung, -kommunikation und -legitimation mit Bezügen auf Götter, Gottesgnadentum und Religion wichtig. Damit verbindet sich auch die *Fähigkeit zur Abgabeneintreibung und Steuereinhebung*. Imperien müssen äußere Bedrohungen (Aggressionen von Gegnern und Herausforderungen von Rivalen) erfolgreich abwehren und innere Gefährdungen (Aufstände, Unruhen, Wirren durch Dynastiekonflikte und Thronfolgestreitigkeiten etc.) beherrschen. Dabei beweisen sie die Fähigkeit, militärische Niederlagen und politische Rückschläge zu verkraften, zu kompensieren und ihren damit verbundenen gesellschaftlichen Niedergang und wirtschaftlichen Zerfall zu verhindern und wenn möglich sogar über Jahrhunderte hinauszuzögern, z. B. das Osmanische Reich 1718–1922. Imperien können sich auf *Traditionen und Vorläufer* berufen, müssen das aber nicht zwingend, wie beispielsweise die EU. Imperien sind allerdings auf ihr *historisches Erbe* und eine *kulturelle Hinterlassenschaft* angewiesen. Um Imperien zu sein und zu bleiben, müssen sie sich der Nachwelt in Erinnerung rufen. Wenn sie nicht im kollektiven und kulturellen Gedächtnis präsent sind, haben sie ihren imperialen Anspruch, Mythos und Nimbus verwirkt. Sie müssen daher nicht nur in der Realgeschichte ein hervorragender Machtfaktor sein, sondern benötigen auch eine *wirkungsmächtige Rezeptionskultur*, die sich im

Fortleben von Architektur und Kulturen oder einer bleibenden und prominenten Historiographie manifestiert. Bei diesen genannten Aspekten von Imperien handelt es sich um epochenübergreifende Kontinuitätselemente.

Diskontinuitäten bestehen in *verschiedenen Typen imperialer Herrschaftssysteme* (Aristokratien, Tyranneien, Oligarchien, Dynastien, König- und Kaisertümer, Sultanate, Zarentum, Diktaturen und Einparteienherrschaften oder demokratisch präsidientielle Systeme) und in ihrer *Dauer*. Antike (Imperium Romanum), mittelalterliche (Heiliges Römisches Reich) und neuzeitliche Imperien (Osmanisches Reich) konnten sich durch langlebigere Strukturen über Jahrhunderte halten, während sich spätneuzeitliche und zeitgeschichtliche Imperien entweder als kurzfristige Kriegsimperien (das Empire Napoléons, das faschistische »mare nostrum«-Italien von Mussolini und das nationalsozialistische »Großgermanische Reich« von Hitler) oder durch gesteigerte Überdehnung überforderte mittelfristige Expansionsimperien (die UdSSR durch das Afghanistan-Abenteuer 1979–1989) zeigten, d. h. nur wenige Jahre oder Jahrzehnte Herrschaftsdauer aufwiesen und durch einen abrupten Kollaps oder raschen Zusammenbruch endeten.

In den *Raumdimensionen* und *Reichweiten* sind auch Unterschiede erkennbar. Antike und mittelalterliche (»vormoderne«) Imperien erstreckten sich in der Regel über einen Kontinent. (»Moderne« und »postmoderne«) Imperien der Neuzeit und der Zeitgeschichte waren bezogen auf einen Kontinent einerseits territorial fixierter, konnten andererseits aber auch Erdteil übergreifend mehrere Kontinente umfassen (wie das global angelegte British Empire mit seinen maritimen Basen oder die Vereinigten Staaten von Amerika mit ihren militärischen Stützpunkten). Imperien haben einerseits durch die Industrialisierung, Innovation und Technisierung der Welt an Effizienz und Schlagkraft gewonnen, andererseits sind sie durch Aufklärung, Säkularisierung bzw. Entsakralisierung ihrer Herrschaften, Demokratisierung, Gewaltenteilung und Universalisierung der Grund- und Menschenrechte in ihren Legitimationen geschwächt und angreifbarer sowie in ihrer Machtausübung somit unsicherer und gefährdeter.

Die Grenzen eines epochenübergreifenden und umfassenden Definitionsversuchs von Imperien sind durch abweichende Quellen, historisch-methodisch durch die Eigenart und Spezifik der Epochen sowie die Unterschiedlichkeit der Verständnisse von Imperien gegeben. Hinzu kommen artverwandte und ähnliche Terminologien wie »Hegemonien«, »Regionalmächte« und »Weltreiche«. Hegemonialmächte können nebeneinander bestehen, Imperien müssen dies nicht notwendigerweise. Eine Hegemonialmacht kann, muss aber kein Imperium sein.

Politikwissenschaftliche Studien gelangen zu unterschiedlichen Beurteilungen: Hegemonialmächte werden dabei höher eingeschätzt als Imperien: Hegemonialmächte seien laut Ulrich Menzel in der Regel See- und Luftmächte, kontrollierten Netzknoten und Ströme. Ihre Reichweite wäre global und offen. Ihre Ordnung stabilisierten sie nicht nur durch ›hard power‹, sondern durch Attraktivität ihrer ›soft power‹. Sie würden internationale öffentliche Güter anbieten, wären wirtschaftlich überlegen und finanzierten die internationale Ordnung aus eigenen Ressourcen. Sie seien durch Akzeptanz und Gefolgschaft gekennzeichnet und ihre Grenzen bei Nachlassen der Innovationskraft und Verknappung der Ressourcenbasis erreicht. Überdehnung resultiere aus Problemen des Hegemons selbst. Sein Niedergang wäre ein schleichender Prozess.

Imperien seien dagegen laut Menzel Landmächte, kontrollierten Räume und Grenzen. Ihre Reichweite sei mit der Expansionsgrenze erreicht, regional und geschlossen. Ihre Ordnung stabilisierten sie durch ›hard power‹. Sie finanzierten sich durch Tribute der Vasallen. Sie forderten Zwang und Unterwerfung. Ihre Grenzen wären erreicht, wenn die Tribute nicht mehr zum Systemerhalt ausreichen. Imperiale Überdehnungen resultierten aus Problemen mit den Vasallen. Imperialer Niedergang verlief rascher und eher kriegerisch, bedingt durch Kooperationsverweigerung der Vasallen. Wie daraus ersichtlich ist, hält die Debatte über Sinn und Wert der Imperien weiter an.

Literatur

Altrichter, Helmut, Russland 1989. Der Untergang des sowjetischen Imperiums, München 2009.

Brendon, Piers, The decline and fall of the British Empire 1781–1997, London 2008.

Burbank, Jane/Cooper, Frederik, Imperien der Weltgeschichte. Das Repertoire der Macht vom alten Rom bis heute, Frankfurt/Main – New York 2012.

Davies, Norman, Verschwundene Reiche. Die Geschichte des vergessenen Europa, Darmstadt 2013.

Dehio, Ludwig, Gleichgewicht oder Hegemonie. Betrachtungen über ein Grundproblem der neueren Staatengeschichte, Krefeld 1948.

Demandt, Alexander (Hrsg.), Das Ende der Weltreiche. Von den Persern bis zur Sowjetunion, München 1997.

Ferguson, Niall, Empire. The Rise and Demise of the British World Order and the Lessons for Global Power, New York – London 2002.

Fink, Sebastian/Rollinger, Robert (Hrsg.), Krise und Untergang als historisches Phänomen (Universal- und kulturhistorische Studien / Studies in Universal and Cultural History), Wiesbaden 2021.

Gehler, Michael, Die Europäische Union – ein postmodernes Imperium?, in: Ders./Robert Rollinger (Hrsg. unter Mitwirkung von Sabine Fick und Simone Pittl), Imperien und Reiche in der Weltgeschichte. Epochenübergreifende und globalhistorische Vergleiche, 2 Bde., Teil 2, Wiesbaden 2014, S. 1255–1307.

Gehler, Michael, Strich, Tjark, A Never Ending Empire? The Decline of the United Kingdom, in: Ders./Robert Rollinger/Philipp Strobl (eds.), The End of Empires (Universal- und kulturhistorische Studien/Studies in Universal and Cultural History), Wiesbaden 2022, S. 675–695.

Gehler, Michael/Rollinger, Robert (eds.), Empires to be remembered. Ancient Worlds through Modern Times (Universal- und kulturhistorische Studien/ Studies in Universal and Cultural History), Wiesbaden 2022.

Gehler, Michael/Rollinger, Robert (Hrsg. unter Mitarbeit von Sabine Fick und Simone Pittl), Imperien und Reiche in der Weltgeschichte. Epochenübergreifende und globalhistorische Vergleiche, 2 Teilbände, Wiesbaden 2014.

Gehler, Michael/Rollinger, Robert, Imperial Turn: Challenges, Problems and Questions, in: Dies. (eds.), Empires to be remembered. Ancient Worlds through Modern Times (Universal- und kulturhistorische Studien/Studies in Universal and Cultural History), Wiesbaden 2022, S. 3–39.

Gehler, Michael/Rollinger, Robert, Imperien und Reiche in der Weltgeschichte. Epochenübergreifende und globalhistorische Vergleiche, in: Dies. Imperien und Großreiche in der Weltgeschichte. Bd. 1, Wiesbaden 2014, S. 1–29.

Gehler, Michael/Rollinger, Robert/Strobl, Philipp (eds.), The End of Empires (Universal- und kulturhistorische Studien/Studies in Universal and Cultural History), Wiesbaden 2022.

Gibbon, Edward, The History of the Decline and Fall of the Roman Empire, New York 1994, original: vol. 1 (1776), vols. 2–3 (1781), vols. 4–6 (1788).

Hauser, Gunther, Chinas Aufstieg zur Globalmacht. Der Weg einer Regionalmacht zum weltpolitischen Akteur (Schriftenreihe der Landesverteidigungsakademie 1), Wien 2020.

Hauser, Gunther, China – eine asiatische Großmacht auf dem Weg zur Weltmacht. Aktuelle Entwicklungen der Außen- und Sicherheitspolitik der Volksrepublik China (WIFIS-aktuell 61), Opladen – Berlin – Toronto 2018.

Hauser, Gunther, Die NATO – Transformation, Aufgaben, Ziele, Frankfurt/Main – Berlin – Bern – Bruxelles – New York – Oxford – Wien 2008.

Hauser, Gunther, Die USA. Interessen und Strategien (Schriftenreihe der Landesverteidigungsakademie 1), Wien 2022.

Hausteiner, Eva Marlene/Huhnholz, Sebastian (Hrsg.), Imperien verstehen: Theorien, Typen, Transformationen, Baden-Baden 2019.

Judson, Pieter, Habsburg. Geschichte eines Imperiums 1740–1918, München 2017.

Kennedy, Paul, Aufstieg und Fall der großen Mächte. Ökonomischer Wandel und militärischer Konflikt von 1500 bis 2000, Frankfurt/Main 1991, vierte Auflage 2003.

Khanna, Parag, Der Kampf um die Zweite Welt. Imperien und ihr Einfluss in der neuen Weltordnung, Berlin 2008.

Klein, Thoralf, Geschichte Chinas. Von 1800 bis zur Gegenwart, Paderborn – München – Wien – Zürich, zweite Auflage 2000.

Kühnhardt, Ludger, Imperium: Ein Begriff und seine Anwendung. Rückblick auf Imperien als Ausblick auf die Zukunft der EU, in: Volker Kronenberg/Jana Puglierin/Patrick Keller (Hrsg.), Außenpolitik und Staatsräson. Festschrift für Christian Hacke zum 65. Geburtstag, Baden – Baden 2008, S. 29–39.

MacKenzie, John (ed.), The Encyclopedia of Empire, 4 Vols., Cambridge 2014.

Menzel, Ulrich, Die Ordnung der Welt. Imperium und Hegemonie in der Hierarchie der Staatenwelt, Berlin 2015.

Münkler, Herfried, Imperien. Die Logik der Weltherrschaft – vom Alten Rom bis zu den Vereinigten Staaten, Berlin 2005.

Nolte, Hans-Heinrich (Hrsg.), Imperien. Eine vergleichende Studie (Studien zur Weltgeschichte), Schwalbach/Taunus 2008.

Nolte, Hans-Heinrich, 1., 2., 3. Reich? Zum Begriff Imperium, in: Ders. (Hrsg.), Imperien. Eine vergleichende Studie (Studien zur Weltgeschichte), Schwalbach/Taunus 2008, S. 5–16.

Nolte, Hans-Heinrich, Kurze Geschichte der Imperien. Mit einem Beitrag von Christiane Nolte, Wien – Köln –Weimar 2017.

Posener, Alan, Imperium der Zukunft. Warum Europa Weltmacht werden muss (Schriftenreihe der Bundeszentrale für politische Bildung Bd. 662), Bonn 2007.

Prietzel, Malte, Das Heilige Römische Reich im Spätmittelalter (Geschichte Kompakt), Darmstadt 2004.

Rollinger, Robert/Degen, Julian/Gehler, Michael (eds.), Short-term Empires in World History (Universal- und kulturhistorische Studien/Studies in Universal and Cultural History), Wiesbaden 2020.

Rühl, Lothar, Aufstieg und Niedergang des Russischen Reiches. Der Weg eines tausendjährigen Reiches, Stuttgart 1992.

Schmidt, Gustav, Der europäische Imperialismus, München 1989.

Schröder, Hans-Jürgen, Anspruch und Wirklichkeit der USA als globale Ordnungsmacht: Perspektiven für eine Weltgesellschaft?, in: Michael Gehler/Silvio Vietta/Sanne Ziethen (Hrsg.), Dimensionen einer Weltgesellschaft. Fragen, Probleme, Erkenntnisse, Forschungsansätze und Theorien, Wien – Köln – Weimar 2018, S. 405–434.

Schröder, Hans-Jürgen, Die USA: Ein Imperium?, in : Imperien und Reiche in der Weltgeschichte, Bd. 2, hrsg. v. Michael Gehler/Robert Rollinger, Wiesbaden 2014, S. 1209–1254.

Sloan, Stanley R., NATO, the European Union, and the Atlantic Community. The Transatlantic Bargain Challenged, Lanham – Boulder – New York – Toronto – Oxford 2005.

Von Hirschhausen, Ulrike, Imperium. Ein Problemaufriß, in: Studienhandbuch Östliches Europa, Köln 2009, S. 228–234.

Wende, Peter, Das britische Empire. Geschichte eines Weltreichs, München zweite Auflage 2009.

Zakaria, Fareed, Der Aufstieg der Anderen. Das postamerikanische Zeitalter, München 2009.

Zielonka, Jan, Europe as Empire. The Nature of the Enlarged European Union, Oxford 2006.